AF143874

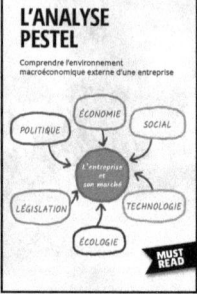

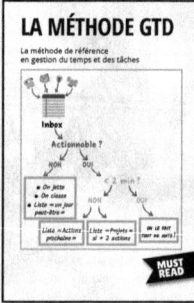

Une publication de Peter Lanore

LA MÉTHODE STAR

Évaluer les compétences et les qualifications de manière objective et efficace

LA MÉTHODE STAR

INTRODUCTION

La méthode STAR est une technique d'entrevue comportementale couramment utilisée dans les processus de sélection de candidats pour des emplois. Elle a été développée dans les années 1980 par Linda Sharp, directrice de la formation d'AT&T, une entreprise de télécommunications américaine.

DESCRIPTION

La méthode STAR est une technique d'entrevue comportementale qui permet aux recruteurs d'obtenir des informations précises et spécifiques sur l'expérience et les compétences des candidats pour des postes à pourvoir. Voici une description détaillée correspondant à chaque lettre de l'acronyme STAR.

- **Situation** : le recruteur demande au candidat de décrire une situation dans laquelle il a été confronté à un défi ou à un problème particulier. Il peut s'agir d'une expérience professionnelle, d'un projet scolaire ou universitaire, ou même d'une situation personnelle.

  Exemple : « Pouvez-vous me donner un exemple d'un projet professionnel sur lequel vous avez travaillé qui a été particulièrement difficile ? »

- **Tâche** : le recruteur demande ensuite au candidat de décrire la tâche ou les objectifs qu'il devait atteindre dans cette situation particulière.

  Exemple : « Quels étaient les objectifs spécifiques du projet que vous venez de mentionner ? »

- **Action** : le recruteur demande ensuite au candidat de décrire les actions qu'il ou elle a prises pour accomplir la tâche ou atteindre les objectifs.

  Exemple : « Comment avez-vous abordé le projet ? Quelles étaient les étapes que vous avez suivies ? »

- **Résultat** : enfin, le recruteur demande au candidat de décrire le résultat de ses actions. Cela peut inclure des résultats quantitatifs, comme des chiffres de vente, ou des résultats qualitatifs, comme des commentaires positifs de la part de clients ou de collègues.

  Exemple : « Quels ont été les résultats du projet ? Comment avez-vous mesuré le succès ? »

Au-delà d'obtenir des informations spécifiques sur les compétences et l'expérience des candidats, la méthode STAR informe sur la capacité du candidat à résoudre des problèmes et à travailler efficacement en équipe. En fournissant des exemples concrets de situations passées, les candidats peuvent démontrer leur expérience et leur aptitude pour le poste à pourvoir.

La méthode STAR est une technique d'entrevue comportementale largement utilisée par les recruteurs dans de nombreuses entreprises à travers le monde. En fait, la plupart des grandes entreprises ont des protocoles d'entrevue structurés qui utilisent la méthode STAR ou des techniques similaires pour évaluer les compétences et l'expérience des candidats.

 En général, les entreprises qui accordent une grande importance à l'embauche de talents de qualité utilisent la méthode STAR pour évaluer les compétences et l'expérience des candidats. Les grandes entreprises technologiques comme Google, Microsoft, Apple et Amazon utilisent régulièrement la méthode STAR pour leurs entretiens de sélection. Mais ce n'est pas seulement limité aux grandes entreprises technologiques, de nombreuses entreprises de différents secteurs d'activité utilisent également la méthode STAR pour leur processus de sélection.

 Par exemple, une entrevue menée par un responsable des ressources humaines pour embaucher un directeur de projet dans une entreprise de construction pourrait se dérouler en utilisant la méthode STAR :

- *Situation* : «Pouvez-vous me donner un exemple d'un projet de construction sur lequel vous avez travaillé qui a été particulièrement difficile ?»

- *Tâche* : «Quels étaient les objectifs spécifiques du projet que vous venez de mentionner ?»

- *Action* : «Comment avez-vous abordé le projet ? Quelles étaient les étapes que vous avez suivies ?»

- *Résultat* : «Quels ont été les résultats du projet ? Comment avez-vous mesuré le succès ?»

En utilisant la méthode STAR, le responsable des ressources humaines peut obtenir des informations précises sur l'expérience et les compétences du candidat dans le domaine de la construction. En fournissant des exemples concrets de projets passés, le candidat peut démontrer son expérience et son aptitude pour le poste à pourvoir.

COMMENT UTILISER MÉTHODE STAR

La méthode STAR est une technique d'entrevue comportementale structurée qui permet d'évaluer les compétences et l'expérience des candidats à travers des exemples concrets.

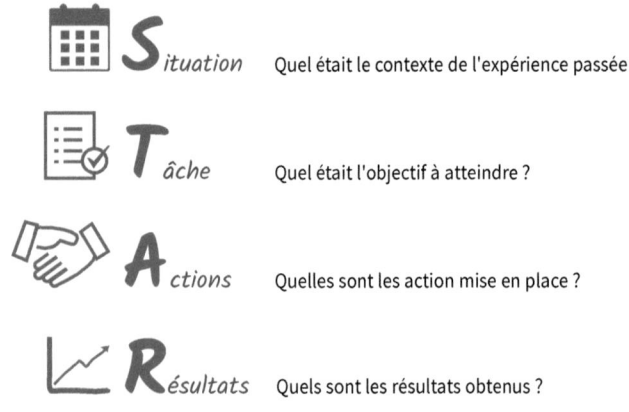

Situation   Quel était le contexte de l'expérience passée ?

Tâche   Quel était l'objectif à atteindre ?

Actions   Quelles sont les action mise en place ?

Résultats   Quels sont les résultats obtenus ?

Voici comment utiliser la méthode STAR dans un contexte d'entrevue.

1. **Préparer des questions STAR**: avant l'entrevue, il convient de préparer une liste de questions STAR qui permettront d'obtenir des exemples concrets de l'expérience et des

compétences du candidat. Les questions STAR sont structurées de la manière suivante : Situation, Tâche, Action, Résultat.

2. **Décrire la situation** : la question posée demande au candidat de décrire une situation particulière dans laquelle il a été confronté à un défi ou à un problème. Il est important que la question soit ouverte et que le candidat puisse répondre en décrivant la situation en détail.

3. **Clarifier les tâches** : la question posée demande au candidat de décrire les tâches ou les objectifs qu'il devait atteindre dans cette situation particulière. Il est important que le candidat explique en détail les tâches à accomplir et les objectifs à atteindre.

4. **Décrire les actions** : la question posée demande au candidat de décrire les actions qu'il a prises pour accomplir la tâche ou atteindre les objectifs. Il est important que le candidat fournisse des détails précis sur les actions entreprises pour résoudre la situation ou le problème.

5. **Décrire les résultats** : la question posée demande au candidat de décrire le résultat de ses actions. Il est important que le candidat fournisse des résultats concrets et mesurables qui montrent comment il ou elle a résolu le problème ou accompli la tâche.

AVANTAGES ET FORCES

La méthode STAR qui permet d'évaluer les compétences et l'expérience des candidats à travers des exemples concrets, présente des avantages et des forces. En voici quelques-uns :

- la méthode STAR permet une évaluation objective des compétences et de l'expérience des candidats en se basant sur des exemples concrets. Cela permet de réduire les biais de l'entrevue et d'obtenir des informations précises sur les compétences des candidats ;

- la méthode STAR permet d'évaluer les compétences clés qui sont requises pour le poste à pourvoir. En utilisant des exemples concrets, les candidats peuvent démontrer leur capacité à résoudre des problèmes, à travailler en équipe et à atteindre des objectifs ;

- la méthode STAR permet également d'évaluer les compétences transférables des candidats. En utilisant des exemples de situations passées, les candidats peuvent démontrer leur capacité à transférer leurs compétences à de nouveaux contextes ;

- la méthode STAR permet d'évaluer l'expérience des candidats en se basant sur des exemples concrets. Cela permet de comprendre comment les candidats ont géré des situations similaires dans le passé et d'évaluer leur aptitude pour le poste à pourvoir ;

- en utilisant la méthode STAR, les recruteurs peuvent obtenir des informations précises sur les compétences et l'expérience des candidats. Cela permet de **sélectionner les candidats les plus qualifiés** pour le poste à pourvoir.

- la méthode STAR permet aux candidats de décrire leurs compétences et leur expérience en détail. Cela donne aux candidats l'**opportunité de mettre en valeur leurs compétences** et leur expérience de manière positive.

INCONVÉNIENTS ET LIMITES

Bien que la méthode STAR soit une technique d'entrevue comportementale structurée efficace, elle comporte également certains inconvénients et limitations, tels que :

- la méthode STAR peut **prendre plus de temps** qu'une entrevue traditionnelle, car elle nécessite des exemples concrets pour évaluer les compétences et l'expérience des candidats ;

- la méthode STAR peut être **sujette à la manipulation** de la part des candidats qui peuvent exagérer leurs réalisations ou fournir des exemples qui ne reflètent pas leur expérience réelle ;

- la méthode STAR **dépend des réponses** des candidats pour évaluer leurs compétences et leur expérience. Si un candidat n'est pas en mesure de fournir des exemples concrets ou ne parvient pas à répondre aux questions, il peut être difficile d'évaluer ses compétences ;

- la méthode STAR est utile pour évaluer les compétences et l'expérience des candidats, mais elle **ne prend pas en compte les facteurs contextuels** tels que la culture organisationnelle ou les changements dans l'environnement de travail ;

- les **recruteurs doivent être bien préparés** pour utiliser efficacement la méthode STAR. Ils doivent comprendre les compétences requises pour le poste à pourvoir et être en mesure de poser des questions appropriées pour évaluer ces compétences ;

- la méthode STAR peut être **coûteuse**, car elle nécessite une formation et une préparation adéquates pour les recruteurs.

Dans l'ensemble, la méthode STAR est une méthode d'entrevue comportementale structurée utile pour évaluer les compétences et l'expérience des candidats, mais elle présente également des inconvénients et des limitations qui doivent être pris en compte. Les recruteurs doivent être conscients de ces limitations et les prendre en compte lorsqu'ils utilisent la méthode STAR pour évaluer les candidats.

ALTERNATIVES ET MODÈLES COMPLÉMENTAIRES

Il existe plusieurs méthodes d'entrevue comportementale structurée similaires à la méthode STAR. En voici quelques-unes :

- la **méthode PAR** (Problème, Action, Résultat) est similaire à la méthode STAR, mais elle met davantage l'accent sur la résolution de problèmes. Elle consiste à poser des questions sur un problème que le candidat a rencontré, sur la façon dont il a agi pour le résoudre et sur les résultats obtenus ;

- la **méthode CAR** (Contexte, Action, Résultat) est similaire à la méthode STAR, mais elle met davantage l'accent sur le contexte dans lequel le candidat a travaillé. Elle consiste à poser des questions sur ce contexte, sur les actions qu'il a entreprises et sur les résultats obtenus ;

- la **méthode CARR** (Contexte, Action, Résultat, Réflexion) est similaire à la méthode CAR, mais elle inclut également une réflexion sur les leçons apprises. Elle consiste à poser des questions sur le contexte dans lequel le candidat a travaillé, sur les actions qu'il a entreprises, sur les résultats obtenus et sur les leçons apprises;

- la **méthode STARS** (*Situation, Task, Action, Result, Skills*) est une extension de la méthode STAR qui met davantage l'accent sur les compétences du candidat. Elle consiste à poser des questions sur la situation, la tâche à accomplir, l'action entreprise, le résultat obtenu et les compétences nécessaires pour réussir;

- la **méthode SOAR** (Situation, Opportunité, Action, Résultat) est similaire à la méthode STAR, mais elle met davantage l'accent sur les opportunités. Elle consiste à poser des questions sur la situation, l'opportunité identifiée, l'action entreprise et les résultats obtenus.

Ces méthodes comportent des avantages similaires à la méthode STAR, notamment l'évaluation des compétences et de l'expérience du candidat par le biais d'exemples concrets. Toutefois, il est important de noter que chaque méthode a ses propres avantages et limitations et qu'il est important de choisir celle qui convient le mieux à votre contexte et à vos besoins.

APPLICATIONS

Étude de cas 1 : recrutement d'un responsable marketing pour une entreprise

Supposons que vous êtes responsable du recrutement d'un responsable marketing pour votre entreprise. Vous avez reçu des candidatures intéressantes et vous voulez maintenant passer des entretiens pour évaluer les compétences des candidats.

Pour utiliser la méthode STAR lors de l'entretien, vous pouvez poser des questions qui encouragent les candidats à fournir des exemples concrets de situations qu'ils ont rencontrées dans le passé. Par exemple, vous pouvez poser la question suivante : « Pouvez-vous me donner un exemple concret de campagne marketing que vous avez gérée dans le passé ? »

Le candidat peut répondre en utilisant la méthode STAR :

- *situation* : « Dans mon précédent emploi, j'ai travaillé pour une entreprise de vente au détail qui voulait lancer une campagne de marketing pour les fêtes de fin d'année. Le budget était limité et nous avions un délai très court pour préparer la campagne. » ;

- *tâche* : « Ma tâche était de créer une campagne marketing efficace qui pouvait générer des ventes importantes pendant la saison des fêtes. » ;

- *action* : « J'ai commencé par effectuer une analyse approfondie des données des ventes précédentes et des tendances actuelles du marché pour comprendre les besoins des clients. J'ai ensuite conçu une campagne multicanale qui comprenait des publicités en ligne, des e-mails promotionnels et des promotions sur les réseaux sociaux. J'ai également créé des offres spéciales pour les clients fidèles pour les inciter à revenir dans les magasins. J'ai collaboré avec les équipes de vente pour m'assurer que la campagne était alignée sur leurs objectifs de vente. » ;

- *r*ésultat : « La campagne a été un grand succès. Les ventes ont augmenté de 25 % par rapport à la même période de l'année précédente et la campagne a généré un retour sur investissement de 4 pour 1. Les clients étaient très satisfaits des offres spéciales et de l'expérience d'achat globale, et nous avons renforcé la fidélisation de la clientèle. »

En utilisant la méthode STAR, vous pouvez obtenir une description détaillée de la manière dont le candidat a abordé le projet, les actions qu'il a entreprises et les résultats qu'il a obtenus. Cela peut vous aider à évaluer les compétences du candidat en matière de gestion de projet, de créativité et de prise de décision en situation de stress.

Étude de cas 2 : évaluation de performance professionnelle

Supposons que vous êtes un gestionnaire responsable de l'évaluation de la performance de l'un de vos employés. Vous devez fournir des exemples précis de situations dans lesquelles l'employé a fait preuve de compétences particulières, ainsi que des preuves pour appuyer vos commentaires.

En utilisant la méthode STAR, vous pouvez structurer votre évaluation de la performance de la manière suivante :

- *situation* : vous pouvez décrire une situation spécifique dans laquelle l'employé a fait preuve de compétences particulières. Par exemple : «L'employé a été chargé de gérer un projet important qui avait des délais serrés et des ressources limitées. » ;
- *tâche* : vous pouvez décrire la tâche spécifique que l'employé devait accomplir dans la situation décrite. Par exemple : «La tâche de l'employé était de coordonner les membres de l'équipe et de s'assurer que le projet était achevé dans les délais impartis et dans les limites du budget. » ;
- *action* : vous pouvez décrire les actions spécifiques que l'employé a entreprises pour accomplir la tâche décrite. Par exemple : «L'employé a travaillé avec l'équipe pour établir un calendrier réaliste pour le projet et a identifié les tâches critiques qui devaient être achevées en premier. Il a également travaillé avec les membres de l'équipe pour identifier les risques potentiels et a mis en place des plans de contingence pour y faire face. » ;
- *résultat* : vous pouvez décrire les résultats spécifiques que l'employé a obtenus grâce à ses actions. Par exemple : «Grâce à l'approche coordonnée de

l'employé, le projet a été achevé dans les délais impartis et dans les limites du budget. Les membres de l'équipe ont également noté que l'employé avait fait preuve d'une grande capacité à résoudre les problèmes et à diriger l'équipe de manière efficace. »

En utilisant la méthode STAR, vous pouvez fournir des exemples concrets et détaillés de la manière dont l'employé a géré la situation, les actions qu'il a entreprises et les résultats qu'il a obtenus. Cela peut vous aider à fournir une évaluation de performance plus objective et plus précise.

POUR ALLER PLUS LOIN

Voici quelques ressources pour aller plus loin dans l'utilisation de la méthode STAR. En plus de ces livres, il existe de nombreux articles et tutoriels en ligne qui expliquent comment utiliser la méthode STAR de manière efficace. Les ressources en ligne peuvent être utiles pour se familiariser avec la méthode et pour trouver des exemples concrets de questions à poser lors des entretiens d'embauche.

- *Topgrading* de Bradford D. Smart. Ce livre propose une méthode de recrutement complète qui inclut l'utilisation de la méthode STAR pour évaluer les compétences des candidats.

- *Entretien d'embauche : 142 questions pour réussir* de Stéphanie Brouard. Ce livre propose une approche pratique pour utiliser la méthode STAR lors des entretiens d'embauche.

- *The Behavioral Interview: Using the STAR Method to Evaluate Job Candidates* de Michael K. Farr. Ce livre propose une introduction détaillée à la méthode STAR et explique comment l'utiliser pour évaluer les compétences des candidats.

- *Competency-Based Interviews: Master the Tough New Interview Style And Give Them the Answers That Will Win You the Job* de Robin Kessler. Ce livre propose une approche complète de la méthode STAR pour évaluer les compétences et l'expérience des candidats.

- *The Complete Idiot's Guide to the Perfect Interview* de Marc Dorio. Ce livre propose des conseils pratiques pour utiliser la méthode STAR et d'autres techniques d'entrevue pour évaluer les compétences et l'expérience des candidats.

CONCLUSIONS ET RECOMMANDATIONS D'USAGE

La méthode STAR est un outil efficace pour structurer les réponses à des questions d'entretien et pour aider à décrire les compétences et les réalisations d'une personne. En utilisant la méthode STAR, les réponses sont plus claires, plus concises et plus ciblées sur les compétences recherchées, ce qui permet d'éviter les réponses vagues ou génériques.

L'utilisation de la méthode STAR peut être particulièrement utile dans le cadre de processus de recrutement ou d'évaluation de performance, où des exemples concrets sont nécessaires pour évaluer les compétences d'un candidat ou d'un employé.

Il est important de noter que la méthode STAR ne doit pas être utilisée de manière rigide ou restrictive. Les réponses doivent toujours être honnêtes et refléter la situation décrite. En outre, les réponses doivent être adaptées au contexte et aux compétences spécifiques recherchées.

En fin de compte, la méthode STAR est un outil utile pour structurer les réponses et fournir des exemples concrets, mais elle ne doit pas être utilisée comme une formule magique pour répondre aux questions d'entretien ou évaluer la performance. Elle doit être utilisée en complément d'autres techniques d'entretien et de processus d'évaluation.

Votre avis nous intéresse !
Laissez un commentaire sur le site de votre librairie en ligne
et partagez vos coups de cœur sur les réseaux sociaux !

L'éditeur veille à la fiabilité des informations publiées, lesquelles ne pourraient toutefois engager sa responsabilité.

www.50minutes.com

ISBN version numérique : 9782808696609
ISBN version papier : 9782808696104
Dépôt légal : D/2023/12603/1984

Couverture : © Primento

Conception numérique : Primento, le partenaire numérique des éditeurs